BEI GRIN MACHT SICH IHR WISSEN BEZAHLT

Ausdauertrainingsplan zur Optimierung des Trainings- und Gesundheitszustandes einer 22-jährigen Frau

GRIN ☺

Bibliografische Information der Deutschen Nationalbibliothek:

Die Deutsche Nationalbibliothek verzeichnet diese Publikation in der Deutschen Nationalbibliografie; detaillierte bibliografische Daten sind im Internet über http://dnb.d-nb.de abrufbar.

ISBN: 9783346668028
Dieses Buch ist auch als E-Book erhältlich.

© GRIN Publishing GmbH
Nymphenburger Straße 86
80636 München

Druck und Bindung: Books on Demand GmbH, Norderstedt Germany
Gedruckt auf säurefreiem Papier aus verantwortungsvollen Quellen

Das Buch bei GRIN: https://www.grin.com/document/1193241

Deutsche Hochschule für

Prävention und Gesundheitsmanagement

Hermann Neuberger Sportschule 3

66123 Saarbrücken

Einsendeaufgabe

Fachmodul: Trainingslehre II

Studiengang: Sportökonomie

Datum
Präsenzphase: 07.06.2021 – 09.06.2021

Studienort: **Köln**

Semester: **SS 2020**

Inhaltsverzeichnis

1   DIAGNOSE 3

1.1 Allgemeine und biometrische Daten...3

1.2 Leistungsdiagnostik/ Ausdauertest...4

1.3 Gesundheits- und Leistungsstatus der Person.................................7

2   ZIELSETZUNG/ PROGNOSE 8

3   TRAININGSPLANUNG - MESOZYKLUS 10

3.1 Grobplanung Mesozyklus 10

3.2 Detailplanung Mesozyklus 11

3.3 Begründung Mesozyklus 12

4   LITERATURRECHERCHE.. 14

5   LITERATURVERZEICHNIS 16

6   ABBILDUNGS- UND TABELLENVERZEICHNIS 17

6.1 Abbildungsverzeichnis...17

6.2 Tabellenverzeichnis...18

1 Diagnose

1.1 Allgemeine und biometrische Daten

Im Rahmen des übergeordneten Prinzips der Individualität und Altersgemäßheit ist es nötig vor der Trainingsplanung relevante Daten sowie Einschränkungen der Sportlerin zu erfassen, um in der späteren Planung Trainingsreize zu setzten, die ihrer psychophysischen Belastbarkeit entsprechen (Eisenhut & Zintl, 2013, 16 ff.). Diese Daten werden in Tabelle 1 dargestellt.

Tabelle 1: Allgemeine und biometrische Daten der Sportlerin

Alter	22
Geschlecht	Weiblich
Körpergröße	163 cm
Körpergewicht	68 kg
Berufliche Tätigkeit	Kindergärtnerin
Allgemeiner Gesundheitszustand	Keine gesundheitlichen Beschwerden
Medikamente	Keine
Blutdruck	126/83 mmHg
Ruhepuls	60 S/min
Körperfettanteil	28 % Körperfettanteil nach bioelektrischer Impedanzanalyse (BIA)
Muskelmasse	30 kg nach BIA
Trainingsmotive	Verbesserung Fitness- und Gesundheitszustand, Fettreduktion
Trainingserfahrung	Seit dem zwölften Lebensjahr Mitglied im Kickbox Verein. Bis vor Beginn der Berufstätigkeit vor zwei Jahren betrug die Trainingshäufigkeit 2-3 Einheiten pro Woche, sowie zusätzlich unregelmäßiges, unplanmäßiges Ausdauertraining durch Jogging mit Teilnahme an Staffel- sowie Hindernisläufen ohne Konkurrenz- oder Leistungsmotiv. Seit zwei Jahren beträgt die Trainingshäufigkeit nur 1-2 Einheiten pro Woche ohne zusätzliches Ausdauertraining. Vor einigen Monaten wurde das Kickboxtraining vollständig eingestellt und durch unregelmäßiges Jogging mit 2-3 Trainingseinheiten a 30-45 min pro Woche ersetzt.
Zeitlicher Verfügungsrahmen	3 Einheiten pro Woche a 60 min

Eine Auswertung der erhobenen Daten zeigt, dass sich die Person in einem optimalen Zustand für Ausdauertraining befindet. Die durch die Blutdruckmessung erhobenen Blutdruck Werte, sind nach Richtlinien der World Health Organisation im Hochnormalbereich (siehe Tabelle 2) und stellen somit keine Einschränkung für die trainierende Person dar. Nach Janssen (2003, S. 50) ist ein Ruhepuls von 60-80 S/min normal. Bei gut trainierten Sportlern beträgt der Ruhepuls 50 – 60 S/min. Bei Leistungssportlern liegt der Ruhepuls unter 50 S/min. Auch die bereits vorhandene Trainingserfahrung bestätigt die erhöhte Belastungsfähigkeit der Trainierenden.

Tabelle 2: Blutdruckklassifikation der American Heart Association (modifiziert nach Mancia et al, 2013, S. 1286)

Bewertungsstufen	Systolischer Blutdruck	Diastolischer Blutdruck
Normblutdruck (Normotonie)		
Optimal	Unter 120 mmHg	Unter 80 mmHg
Normal	Unter 130 mmHg	Unter 85 mmHg
Hochnormal	130-139 mmHg	85-89 mmHg
Bluthochdruck (arterielle Hypertonie)		
Stufe 1	140-159 mmHg	90-99 mmHg
Stufe 2	160-179 mmHg	100-109 mmHg
Stufe 3	>180 mmHg	>110 mmHg

1.2 Leistungsdiagnostik/ Ausdauertest

Als Grundlage für die folgende Trainingsplanung wird ein Stufentest mit submaximaler Belastung auf dem Fahrradergometer gewählt. Aufgrund der Trainingserfahrung und des Gesundheitszustandes der Person, kämen auch andere Ausdauerergometer für einen Test in Frage, doch das Fahrradergometer ermöglicht eine gute Reproduzierbarkeit, sowie eine hohe Validität der erzielten Testergebnisse. Somit bietet dieser Test die optimalen Voraussetzungen, um den Trainingsfortschritt durch eine erneute Messung zu erfassen und zu analysieren. Darüber hinaus bietet die Testung auf dem Fahrradergometer auch eine gute interindividuelle Vergleichbarkeit der Leistungsfähigkeit, da bereits wissenschaftlich abgesicherte Normtabellen existieren.

Bevor der Test durchgeführt wird, wird eine Voreinstufung hinsichtlich der Belastbarkeit anhand des IPN-Verfahrens vorgenommen. Dies dient der Ermittlung der Zielherzfrequenz und ermöglicht außerdem die Auswahl eines geeigneten Testprofils für die Trainierende. Da bei diesem Verfahren auch die Parameter Alter, Geschlecht, Trainingszustand sowie Ruhepuls miteinbezogen werden, wird ein individuellerer Referenzwert für die Zielherzfrequenz ermittelt als mit der Faustformel der WHO, welche lediglich das Lebensalter berücksichtigt.

Anhand des Lebensalters der Person (22 Jahre) und des Ruhepulses (60 S/min) wird eine Voreinstufung von 145 S/min vorgenommen. Hierbei ist zu beachten, dass es sich bei einer im Fitnessstudio ermittelten Herzfrequenz, nicht um den tatsächlichen Ruhepuls handelt, sondern um den Tagespuls, welcher von verschiedenen Faktoren beeinflusst wird und teilweise deutlich vom Ruhepuls abweicht. Aus diesem Grund wurde die Trainierende als Vorbereitung auf den Termin gebeten, an vier aufeinanderfolgenden Tagen ihren Puls morgens unverzüglich nach dem Aufwachen zu messen. Der Mittelwert dieser Ergebnisse wird im Folgenden als Referenzwert verwendet.

Da die Trainierende pro Woche 2-3 Trainingseinheiten a 45 min durchführt, wird ein Aufschlag von 5 S/min auf die Zielherzfrequenz gerechnet, wodurch sich eine Zielherzfrequenz von 150 S/min für die Testung ergibt.

Anhand der erhobenen Daten der Trainierenden, wurde das Belastungsschema nach Hollmann und Venrath gewählt. Dieses Testverfahren eignet sich eher für trainierte Frauen, da eine Leistungsfähigkeit von mindestens 150 Watt erbracht werden sollte. Durch den niedrigen Ruhepulswert, sowie der vorhandenen Trainingshäufigkeit ist dieser Test für die Probandin geeignet. Für Anfänger und leistungsschwächere Personen wäre eher die Testvariante der WHO geeignet, da das Einstiegsniveau, die Stufendauer sowie die stufenweise Erhöhung geringer ausfallen. Die längere Stufendauer beim Hollmann-Venrath-Test ist jedoch vorteilhaft, da so auf jeder Belastungsstufe eher Steady-State-Bedingungen erreicht werden. Die Belastungsparameter für die Probandin werden in Tabelle drei dargestellt.

Tabelle 3: Belastungsparameter Hollmann-Venrath-Test

Eingangsbelastung	30 Watt
Belastungssteigerung	40 Watt
Stufendauer	3 min
Trittfrequenz	60 – 80 U/min
Pulsobergrenze nach IPN	150 S/min Zielherzfrequenz

Der Ausdauertest beginnt mit einer Belastung von 30 Watt. Während der gesamten Test-
dauer sollte eine möglichst konstante Trittfrequenz von 60-80 U/min gehalten werden.
Nach jeweils drei Minuten wird der Widerstand immer um 40 Watt erhöht, eine Messung
und Protokollierung der Herzfrequenz erfolgt jede Minute.
Dies erfolgt so lange, bis die errechnete Zielherzfrequenz von 150 S/min erreicht wird.
Die Stufe, auf der die Zielherzfrequenz erreicht wurde, wird bis zum Ende der drei Minuten komplett durchfahren. Die dabei erhobenen Daten werden in Abbildung 1 dargestellt.

Abbildung 1: Pulsentwicklung Testperson beim Hollmann-Venrath-Tests

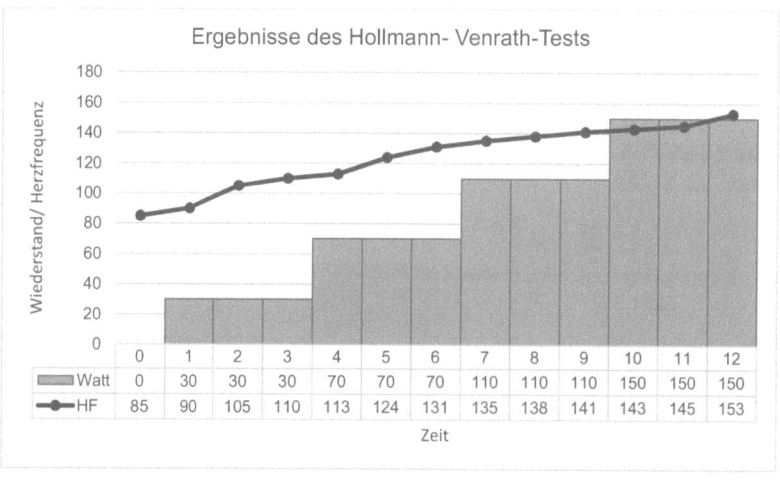

Die Probandin erreicht die errechnete Zielherzfrequenz nach der ersten Minute auf der
dritten Belastungsstufe mit 150 Watt (siehe Tab. 4). Zur Beurteilung der körperlichen
Leistung wird die Gesamtleistung in Watt bei Erreichen der definierten Pulsobergrenze
herangezogen.

Da die Zielherzfrequenz nach dem vollständigen Durchfahren der sechsten Belastungsstufe erreicht wird, werden die 150 Watt dieser Stufe vollständig herangezogen. Somit
ergibt sich eine Gesamtleistung von 203,34 Watt.

Aus dieser Gesamtleistung wird die auf das Körpergewicht bezogene relative Wattleistung von 2,21 Watt/kg Körpergewicht errechnet (150 Watt: 68 kg). Mithilfe bereits vor-
handener alters- und geschlechtsspezifischer Normwerte kann der aktuelle Leistungszu-
stand der Probandin festgestellt werden. Dieser interindividuelle Leistungsvergleich geschieht hier mithilfe einer nach IPN modifizierten Normtabelle für submaximale Radergometertests.

Tabelle 4: Normtabelle für submaximale Radergometertests – Relative Soll-Watt-Leistung (Watt pro
kg) bei Frauen bis 30 Jahre (modifiziert nach IPN, 2004, S.8) eigene Darstellung

Intensitätsfaktor	Erzielte Soll-Watt-Leistung	Bewertung
0,62	2,00	Ø
0,63	**2,10**	☺
0,64	2,30	☺
0,65	2,40	☺
0,66	2,60	☺
0,67	2,80	☺☺

Anhand der Werte aus Tabelle 5 kann geschlussfolgert werden, dass sich der Trainingszustand der Probandin leicht über dem Durchschnitt in ihrer Altersklasse befindet.

1.3 Gesundheits- und Leistungsstatus der Person

Die Anamnesedaten zeigen, dass die Probandin an keinen gesundheitlichen Beschwerden
leidet und sich somit in einem optimalen Gesundheitszustand für das Training befindet.
Außerdem kann man darauf schließen, dass die Probandin durch ihren aktiven Lebensstil
bereits über gute Voraussetzungen für ein Herz-Kreislauf-Training mitbringt und über
eine leicht überdurchschnittliche Grundausdauer verfügt. In der Vergangenheit verfügte
die Probandin, durch häufiges und intensives Ausdauertraining über ein erhöhtes Leis-
tungsniveau, welches sie nun wieder anstrebt. Der ehemalige Trainings- und Leistungs-
zustand ist insofern von Bedeutung, dass durch die langjährige Erfahrung mit Ausdauertraining von einer erhöhten physischen und psychischen Belastbarkeit ausgegangen werden kann.

Die Probandin hat Erfahrung mit Training in erhöhten Intensitätsbereichen und verfügt außerdem über die koordinativen Voraussetzungen für verschiedene Bewegungsformen im Ausdauersport.

Dennoch liegt der Fokus bei der Trainingsplanung auf dem derzeitigen körperlichen Zustand, welcher durch den oben beschriebenen Fahrradergometertest erhoben wurde. Die erzielte Relative Watt-Soll-Leistung lässt jedoch ebenso auf eine leicht überdurchschnittliche Leistungsfähigkeit schließen.

2 Zielsetzung/ Prognose

Der nächste Schritt der Trainingssteuerung ist die Zielsetzung, hierbei werden die Ziele der Probandin aufgenommen, beurteilt und ggf. angepasst. Hierbei sollte beachtet werden, dass eine exakte Definition des Zeitraums sowie des Ausmaßes der Ziele vorgenommen wird, um die Messbarkeit und auch die Überprüfbarkeit zu gewährleisten.

Tabelle 5: Zielsetzung der Probandin

Inhalt	Ausmaß	Zeit
Verlust Körperfett	2,5% anhand von einer bioelektrischen Impedanzanalyse	12 Wochen
Steigerung der relativen-Wattleistung im submaximalen Fahrradergometertest	Von 2,10 auf 2,4 Watt	10 Wochen
Senkung des Blutdrucks	126/83 mmHg auf 119/79 mmHg	12 Wochen

Für die Probandin steht die Verbesserung ihres Fitness- und Gesundheitszustandes im Fokus, damit einhergehend wurden die Steigerung der Wattleistung und die Senkung des Blutdrucks als konkrete und messbare Ziele formuliert. Neben der Messbarkeit sollte außerdem beachtet werden, dass die Ziele auch realistisch und erreichbar gesetzt sein sollten, um den Sportler nicht zu demotivieren.

Aus diesem Grund wurden die Zielvorgaben so gesetzt, dass eine Erreichung der Ziele weitgehend sichergestellt ist. Der Körperfettanteil der Probandin wurden zuvor anhand einer bioelektrischen Impedanzanalyse (BIA) mithilfe einer InBody 770 Waage erfasst. Bei diesem Messverfahren wird ein schwacher Wechselstrom durch den Körper der Testperson geleitet, welcher die dadurch entstehenden Widerstände über Messelektroden erfasst. Anhand bestimmter Algorithmen wird durch die gemessenen Widerstände daraufhin die Fettmasse, die fettfreie Masse und das Gesamtkörperwasser errechnet. Um die Messgenauigkeit zu erhöhen, werden weitere Informationen der Testperson wie Körpergröße und -gewicht, Alter, sowie das Geschlecht herangezogen. Durch die vier Messelektroden an der Inbody 770 kann eine recht genaue Auswertung der Körperzusammensetzung vorgenommen werden. Es sollte jedoch erwähnt werden, dass es neben der BIA andere Messverfahren gibt, die deutlich genauere Ergebnisse liefern. Im Fitnessstudiobetrieb ist diese Art von Messung jedoch üblich und reicht für diesen Anwendungsbereich vollkommen aus.

Durch eine angepasste Ernährung und den zusätzlichen Kalorienverbrauch durch das Ausdauertraining, kann von einer Körperfettreduktion von 250-500 g pro Woche ausgegangen werden, somit ist ein Verlust von 2,5 % Körperfett in dem genannten Zeitrahmen realistisch.

Anhängig vom Ausgangsniveau ist bei der Relativen Watt-Soll-Leistung eine Verbesserung von 10 – 25% innerhalb von 8 – 12 Wochen realistisch. Da der Ausgangszustand der Probandin sich bereits in einem leicht erhöhten Leistungsbereich befindet, muss davon ausgegangen werden, dass sich die Steigerung der Leistungsfähigkeit nicht in dem Maße wie bei einer vollständig untrainierten Person vollziehen wird. Aus diesem Grund erfolgt die Festlegung des Zielwertes eher konservativ, um eine Demotivation der Trainierenden durch Nichterreichen der Ziele zu vermeiden.

Innerhalb von drei Monaten lässt sich der Blutdruck einer Person realistisch um 10-15 mmHg systolisch und 5-10 mmHg diastolisch senken. Da der Blutdruck der Probandin sich noch im Normalbereich befindet, wird auch hier eine eher niedrige Veränderung als Ziel gesetzt.

3 Trainingsplanung - Mesozyklus

3.1 Grobplanung Mesozyklus

Nachdem alle trainingsrelevanten Parameter erhoben wurden, folgt nun die Trainingsplanung. Um eine planmäßiges Belastungsdosierung gewährleisten zu können, wird in diesem Fall die Herzfrequenzreserve-Methode angewandt. Der Vorteil gegenüber der Belastungssteuerung anhand der maximalen Herzfrequenz (HF) liegt darin, dass die Ruheherzfrequenz und somit der individuelle Trainingszustand der Probandin bei dieser Methode miteinbezogen wird. Um die Trainingsherzfrequenz zu ermitteln, benötigt man zunächst die maximale Herzfrequenz, welche vom Lebensalter und der Belastungsform anhängt. Hierfür wird die Faustformel zur Vorhersage der maximalen Herzfrequenz (ACSM, 1998b, S.975, 2006b; Hottenrott, 2006, S.22; Kindermann et. al., 2003; Mc Ardle et. al., 2000; Willmore & Costill, 1999) angewandt. Diese ergibt auf dem Laufband eine HFmax von ca. 198 S/min. Dieser Wert wird auch für den Crosstrainer verwendet, da es dort keine Festlegung gibt und die Bewegungsformen sich am meisten ähneln. Nun kann zur Berechnung der Trainingsherzfrequenz die Karvonen-Formel (ACSM, 2006a, S.342) angewandt werden:

$$Thf = (Hf_{max} - Hf_{Ruhe}) \times Intensität\ in\ \% + Hf_{Ruhe}$$

Die gewählten Intensitäten orientieren sich an den Empfehlungen von Zintl und Eisenhut (2001) und wurden anhand der jeweiligen Zielsetzung der Trainingsmethode gewählt.

Tabelle 6: Grobplanung des Masozyklus

Spezifisches Haupttrainingsziel	Entwicklung der Grundlagenausdauer
Zyklusdauer	6 Wochen
Wöchentlicher Gesamttrainingsumfang	3-4 Stunden
Vorgesehene Trainingsmethoden	• Extensive Dauermethode (DM) • Intensive Dauermethode • Variable Dauermethode
Belastungsintensitäten	• 45-65% Herzfrequenzreserve (HFR) bei extensiver DM • 65-80% HFR bei intensiver DM • 45-80% HFR bei variabler DM
Trainingseinheiten pro Woche	3 Trainingseinheiten
Trainingsdauer für die Trainingseinheiten	• 40-60 min (extensive DM) • 20-25 min (intensive DM) • 30-60 min (variable DM)
Vorgesehene Trainingsgeräte/ Bewegungsformen	Laufband, Crosstrainer

3.2 Detailplanung Mesozyklus

Die unten aufgeführten Intensitäten wurden nach der Einstufung von Zintl und Eisenhut (2001) gewählt.

Woche 1	Mo	Mi	Fr	Woche 2	Mo	Mi	Fr
Trainingsziel	GA 1	GA 1	GA 1	Trainingsziel	GA 1	GA 1	GA 1
Tr.-Methode	Extensive DM	Extensive DM	Extensive DM	Tr.-Methode	Extensive DM	Extensive DM	Variable DM
Tr.-Intensität (Hf Reserve)	55-65% HFR	55-65% HFR	55-65% HFR	Tr.-Intensität (Hf Reserve)	55-65% HFR	55-65% HFR	45-80% HFR
Tr.-Hf	136-150 S/min	136-150 S/min	136-150 S/min	Tr.-Hf	136-150 S/min	136-150 S/min	121-170 S/min
Tr.-Dauer	40 min	40 min	45 min	Tr.-Dauer	45 min	50 min	30 min (3:3)
Tr.-Gerät	Laufband	Crosstrainer	Laufband	Tr.-Gerät	Crosstrainer	Laufband	Crosstrainer

Woche 3	Mo	Mi	Fr	Woche 4	Mo	Mi	Fr
Trainingsziel	GA 1	GA 1	GA 1	Trainingsziel	GA 1	GA 1	GA 1
Tr.-Methode	Extensive DM	Extensive DM	Variable DM	Tr.-Methode	Extensive DM	Extensive DM	Variable DM
Tr.-Intensität (Hf Reserve)	55-65% HFR	55-65% HFR	45-80% HFR	Tr.-Intensität (Hf Reserve)	55-65% HFR	55-65% HFR	45-80% HFR
Tr.-Hf	136-150 S/min	136-150 S/min	121-170 S/min	Tr.-Hf	136-150 S/min	136-150 S/min	121-170 S/min
Tr.-Dauer	50 min	55 min	35 min (3:3)	Tr.-Dauer	55 min	60 min	40 min (5:5)
Tr.-Gerät	Laufband	Crosstrainer	Laufband	Tr.-Gerät	Crosstrainer	Laufband	Crosstrainer

Woche 5	Mo	Mi	Fr	Woche 6	Mo	Mi	Fr
Trainingsziel	GA 1	GA 1	GA 1	Trainingsziel	GA 1	GA 1	GA 1
Tr.-Methode	Extensive DM	Intensive DM	Variable DM	Tr.-Methode	Extensive DM	Intensive DM	Variable DM
Tr.-Intensität (Hf Reserve)	55-65% HFR	65-75% HFR	45-80% HFR	Tr.-Intensität (Hf Reserve)	55-65% HFR	65-75% HFR	45-80% HFR
Tr.-Hf	136-150 S/min	150-164 S/min	121-170 S/min	Tr.-Hf	136-150 S/min	150-164 S/min	121-170 S/min
Tr.-Dauer	60 min	20 min	45 min (5:5)	Tr.-Dauer	60 min	25 min	45 min (5:5)
Tr.-Gerät	Laufband	Crosstrainer	Laufband	r.-Gerät	Crosstrainer	Laufband	Crosstrainer

3.3 Begründung Mesozyklus

Da sich der Trainingszustand der Probandin nur sehr leicht über dem Durchschnitt befindet, wird zunächst die Grundlagenausdauer (GA1) durch Anwendung der extensiven Dauermethode trainiert. Dies beginnt mit einem Zeitraum von 40 min und wird zunächst innerhalb der ersten zwei Wochen moderat auf 50 min pro Trainingseinheit gesteigert. Das Training mit der extensiven Dauermethode bewirkt eine Ökonomisierung der Herz-Kreislauf-Arbeit, sowie eine verbesserte periphere Durchblutung, wodurch das Ziel der Blutdrucksenkung begünstigt wird.

Nachdem der Trainingszeitraum auf 50 min gesteigert wurde und von einer recht stabilen GA1 ausgegangen werden kann, wird ergänzend die variable Dauermethode im Trainingsplan integriert. Dies geschieht als Vorbereitung auf spätere höhere Intensitäten, indem die Fähigkeit zur Umstellung zwischen aerober und anaerober Energiebereitstellung verbessert wird. Auf diesem Weg steigt die Sportlerin kontrolliert und langsam in das Training im aerob-anaeroben Mischbereich ein, dies entspricht der Grundlagenausdauer 2 (GA2). Dies ist vor allem relevant, um die allgemeine Fitness und die Ausdauer der Probandin auf ein höheres Niveau zu entwickeln. Darüber hinaus ermöglicht intensiveres Training auch einen höheren Kalorienverbrauch in einem kürzeren Zeitraum, wodurch das Ziel der Fettreduktion begünstigt wird. Außerdem erhöht der Methodenwechsel durch das Vermeiden von Eintönigkeit die Motivation der Probandin, wodurch die Wahrscheinlichkeit, dass das Trainingsprogramm ausgeführt wird, ebenso steigt. Begonnen wird bei einer Trainingsdauer von 30 Minuten, welche ebenso moderat bis auf 45 Minuten gesteigert wird. Die Veränderung der Intervallzeiten resultiert aus der Erhöhung der Trainingsdauer. Da mit steigender Trainingsdauer eine sinnvolle Verlängerung der Intervalldauer möglich wird und sich so der Stoffwechsel an die veränderten Anforderungen anpassen kann.

Dennoch liegt der Fokus auf der extensiven Dauermethode, da diese für den Aufbau der GA1 bevorzugt wird (Neumann et. al., 2007; Hottenrott, 2006). Denn der Aufbau der GA2 ist nur langfristig wirksam, wenn zuvor eine stabile Grundlagenausdauer 1 aufgebaut wurde. Dies wird zunächst durch eine stetige Verlängerung der Trainingsdauer erreicht, bis der zeitliche Verfügungsrahmen der Probandin ausgeschöpft ist. Um dennoch eine Progression zu ermöglichen, wird ab Woche fünf die Trainingsherzfrequenz der Probandin während der Dauermethode erhöht. Eine Erhöhung der Trainingsherzfrequenz führt in diesem Fall dazu, dass sich die Probandin nach Zintl und Eisenhut (2001) nun im Bereich der intensiven Dauermethode befindet. In diesem Bereich kommt es zur Entwicklung des Herz-Kreislaufsystems, zu einer verstärkten Kapillarisierung der Skelettmuskulatur, sowie zu einer Verbesserung des aeroben und aeroben Stoffwechsels. An dieser Stelle, sollte jedoch erwähnt werden, dass eine genaue Abgrenzung der Stoffwechselbereiche und der daraus resultierenden körperlichen Anpassungen nicht möglich ist. Die Anpassungseffekte finden oftmals parallel und in unterschiedlichem Ausmaß und Geschwindigkeit statt. Darüber hinaus ist die Veränderung durch die Individualität und die zusätzlich einwirkenden Umweltfaktoren nie genau vorhersehbar. In diesem Fall bedeutet der Wechsel zur intensiven Dauermethode lediglich eine Erhöhung der Trainingsherzfrequenz um 14 S/min. Dies im beim derzeitigen Trainingszustand der Probandin vertretbar, zumal sie im Rahmen der variablen Dauermethode bereits im aerob-anaeroben Mischbereich trainierte. Um die Sportlerin dennoch nicht zu überfordern, wird zum einen nur einmal pro Woche in diesem erhöhten Bereich trainiert und zum anderen wird die Dauer reduziert und nur moderat gesteigert. Die Dauer im GA2 Bereich beträgt nach Hottenrott (1997) 20-60 Minuten pro Trainingseinheit, dies lässt sich optimal mit dem Zeitplan der Probandin vereinen. Auf diesem Weg kommt es trotz des eingeschränkten Zeitrahmens über die sechs Wochen stetig zu einer Progression.

Das gesamte Trainingsprogramm findet jeweils auf dem Laufband, sowie dem Crosstrainer statt. Diese zwei Geräte wurden wegen ihres hohen kardiopulmonalen Trainingseffekts, sowie des hohen Kalorienverbrauchs ausgewählt. Sowohl im Bezug auf den Kalorienverbrauch als auch auf die kardiopulmonalen Trainingseffekte, wäre das Laufband dem Crosstrainer vorzuziehen, doch es wurden zwei verschiedene Geräte gewählt, um auch hier Eintönigkeit zu vermeiden. Darüber hinaus wird durch den Einsatz des Crosstrainers die Belastung auf den passiven Bewegungsapparat vermindert und so auch in orthopädischer Hinsicht eine Überforderung vermieden.

4 Literaturrecherche

Die folgenden Studien behandeln den Themenkomplex „Effekte des Ausdauertrainings bei Diabetes mellitus Typ-2.

Tabelle 7: Literaturrecherche, Studie 1

Studie	High-Intensity Interval Training Versus Moderate-Intensity Continuous Training in Middle-Aged and Older Patients with Type 2 Diabetes: A Randomized Controlled Crossover Trial of the Acute Effects of Treadmill Walking on Glycemic Control
Studienführer	Romeu Mendes, Nelson Sousa, José Luís Themudo-Barata und Victor Machado Reis
Publikationsjahr und -ort	International Journal of Environmental Research and Public Health 2019
Forschungs-frage	Erzielt man größere Erfolge mit einem High-Intensity-Intervall-Training oder einem moderaten Training im Rahmen der Dauermethode bei Diabetes Typ 2 Patienten im mittleren und höheren Lebensalter?
Versuchsperso-nen	Für die Studie wurden 15 freiwillige Patienten (acht Frauen und acht Männer) einer ambulanten Diabetesklinik herangezogen, bei welchen vor mindestens einem Jahr Diabetes mellitus Typ 2 diagnostiziert wurde. Die Patienten befanden sich im Alter von 55-75 Jahren. Der physische Gesundheitszustand aller Patienten wurde zu diesem Zeitpunkt durch eine entsprechende Diät gesichert. Es erfolgte keine medikamentöse Behandlung mit Insulin. Außerdem waren alle Probanden seit mindestens sechs Monaten Nicht-Raucher und wiesen keine orthopädischen Beschwerden auf. In den letzten sechs Monaten vor der Studie hatte keiner an einem betreuten Fitnessprogramm teilgenommen.
Versuchsaufbau	Die Probanden absolvierten über einen längeren Zeitraum hinweg drei unterschiedliche Ausdauertrainings in einer willkürlichen Reihenfolge. Bevor die Trainingsmethode gewechselt wurde, erfolgte eine einwöchige Pause ohne Trainingsreiz. Die unterschiedlichen Trainings wurden als „HIIT", „MICT" und als „Control session" bezeichnet. Wärend der Moderate-intensity countinious training (MICT) sessions wurde das Walking auf dem Laufband konstant bei 50% der Hfmax durchgeführt. Es erfolgte zuvor sowie danach ein jeweils 5-minütiges Auf- und Abwärmen bei 25% der Hfmax. Bestandteil der High-intensity interval training (HIIT) sessions war ein 40-minütiges Walking auf dem Laufband. Dies setzte sich aus einem 30-minütigen Intervalltraining mit je fünf drei Minuten Intervallen bei 70% der Hfmax und drei Minuten Erholungszeit bei 30% der Hfmax, sowie jeweils fünf Minuten Auf- und Abwärmen bei 25% der Hfmax zusammen. Während der controll sessions verharrten die Probanden die 40 Minuten in sitzender Position und durchliefen alle zehn Minuten eine Blutdruckmessung. Die Trainingseinheiten wurden über den entsprechenden Zeitraum hinweg drei Mal wöchentlich absolviert. Während aller Trainingseinheiten stand den Probanden Wasser zur Verfügung. Bei den Einheiten auf dem Laufband durften die Probanden sich weder am Laufband festhalten noch abstützen. Zusätzlich zum körperlichen Training, hielten alle Probanden eine strenge Diät ein und nahmen während der Studie alle die gleichen vorgegebenen Mahlzeiten zu sich.
Ergebnisse	Als Kontrollwert wurde der Blutzuckerspiegel im Kapillarblut herangezogen. Dieser wurde mit einem klinisch validierten digitalen und automatischen Glucometer erhoben. Es wurde festgestellt, dass sich die Blutzuckerwerte nach dem HIIT-Training um 42 mg/dl verglichen mit der Kontrollgruppe gesenkt haben. Durch das MICT-Training kam es zu einer Senkung um durchschnittlich 33 mg/dl. Im Rahmen der Studie wurde auch bei der Kontrollgruppe eine Senkung des Blutzuckers festgestellt, welche jedoch deutlich geringer ausfiel als die Blutzuckersenkung durch Training.
Schlussfolge-rung	Zusammenfassend lässt sich sagen, dass durch ein regelmäßiges Ausdauertraining die Senkung des Blutzuckers bei Personen mittleren und höheren Alters mit Typ 2 Diabetes begünstigt werden kann. Die Studie lässt außerdem darauf schließen, dass bereits eine angepasste Ernährung zu einem niedrigeren Blutzuckerspiegel führen kann, da auch bei der Kontrollgruppe ohne Ausdauertraining eine Senkung des Blutzuckers nachgewiesen wurde. Darüber hinaus wurde jedoch festgestellt, dass durch ein zusätzliches Ausdauertraining der Blutzucker deutlich stärker gesenkt wurde als bei Inaktivität, insbesondere durch das HIIT-Training.

Tabelle 8: Literaturrecherche, Studie 2

Studie	The Effect of 8 Weeks Aerobic Exercise on Insulin Resistance in Type 2 Diabetes: A Randomized Clinical Trial
Studienführer	Narges Motahari-Tabari, Marjan Ahmad Shirvani, Mahbobeh Shirzad-e-Ahoodashty, Elham Yousefi-Abdolmaleki & Mojgan Teimourzadeh
Publikationsjahr und -ort	Global Journal of Health Science 2015
Forschungs-frage	Welche Effekte hat Ausdauertraining auf Insulinresistenz bei Typ 2 Diabetes?
Versuchs-perso-nen	Für die Studie wurden 53 Hausfrauen aus zwei irakischen Diabetes Kliniken, bei welchen Diabetes Typ 2 diagnostiziert wurde, herangezogen. Alle Teilnehmerinnen der Studie waren zwischen 30-60 Jahre alt und wurden medikamentös gegen Diabetes behandelt, allerdings fand die Medikamenteneinnahme ausschließliche oral statt. Die Probandinnen wurden zuvor nach ihrem Alter (>40 und <40), sowie ihrem Body Mass Index (>25 und <25) aufgeteilt.
Versuchs-auf-bau	Zu Beginn wurden zwei Gruppen gebildet, welche jeweils aus einer gleichmäßigen Anzahl an über-, sowie unter 40-jährigen Frauen und Frauen mit einem BMI über-, sowie unter 25, bestanden. Die erste Gruppe, bestehend aus 27 Personen, absolvierte acht Wochen lang ein 50-minütiges Training mit drei Einheiten pro Woche. Die Trainingseinheiten setzten sich aus einem zehnminütigen Beweglichkeitstraining, anschließendem Walking für 30 Minuten bei 60% der Hfmax und eines Cool Downs in Form eines zehnminütigen Dehntrainings im Sitzen, zusammen. Die zweite Gruppe diente als Kontrollgruppe und bestand aus 26 Personen.
Ergebnisse	Als Kontrollwerte wurden die Insulinresistenz, der Blutzuckerspiegel im nüchternen Zustand, sowie der Insulinspiegel herangezogen. Diese Daten wurden anhand der enzymatischen und kolorimetrischen Methode (GOD-PAP) und der photometrischen Methode mit Einzelpunktmessung erhoben. Die wiederholten Datenerhebungen zeigten signifikante Unterschiede beim Taillen- sowie Hüftumfang, beim Blutzucker sowie der Insulinresistenz der Teilnehmerinnen im Laufe der Studie. Es wurde festgestellt, dass sich die Zahl der insulinresistenten Personen in der Trainingsgruppe nach zwei Monaten um sechs Personen verringerte, während es in der Kontrollgruppe nur eine Person war. Darüber hinaus betrug der durchschnittliche Insulinspiegel am Ende der Studie 3,62 piu/m in der Trainingsgruppe und 6,43 piu/m in der Kontrollgruppe. Die Einnahme der Medikamente verringerte sich jedoch nicht wesentlich.
Schlussfolge-rungen	Zusammenfassend lässt sich sagen, dass ein regelmäßiges Ausdauertraining viele positive Effekte auf eine Erkrankung mit Diabetes Typ 2 haben kann. Obwohl keine Auswirkung des Trainings auf die Medikamenteneinnahme festgestellt wurde, so wurden durch den Sport viele Risikofaktoren wie ein erhöhter Blutzucker- oder Insulinspiegel sowie ein zu großer Taillen- und Hüftumfang reduziert. Somit ist ein regelmäßiges Ausdauertraining bei einer Erkrankung mit Diabetes Typ 2 in jedem Fall empfehlenswert, sofern keine anderen Kontraindikationen bestehen.

5 Literaturverzeichnis

American College of Sports Medicine. (1998b). The recommended quantity and quality of exercise for developing and maintaining cardirespiratory and muscular fitness, and flexibility in healthy adults. Medicine and science in sports and exercise 30 (6), 975-991.

American College of Sports Medicine. (2006a). ACMS`s Guidelines for Exercise Testing and Prescription (7. Aufl.). Philadelphia: Williams & Wilkins.

American College of Sports Medicine. (2006b). ACMS`s Guidelines for Exercise Testing and Prescription (5. Aufl.). Philadelphia: Lippincott Williams & Wilkins.

Eisenhut, A. & Zintl, F. (2013). *Ausdauertraining. Grundlagen, Methoden, Trainingssteuerung* (Sportwissen, 8. Aufl.). München: BLV.

Hottenrott, K. (1997). *Ausdauertraining. Intelligent, effektiv, erfolgreich (4. Aufl.) Lüneburg: Wehdemeier & Pusch.*

Hottenrott, K. (2006). *Trainingskontrolle mit Herzfrequenz Messgeräten* (1.Aufl) Aachen: Meyer & Meyer.

Kindermann, W., Dickhuth, H.-H., Niess, A., Röcker, K. & Urhausen, A. (2003). Sportkardiologie. Körperliche Aktivität bei Herzerkrankungen. Darmstadt: Steinkopff.

Institut für Prävention und Nachsorge. (2004). *IPN-Test – Ausdauertest für den Fitness-und Gesundheitssport.* Köln: Institut für Prävention und Nachsorge (IPN).

Janssen, P. (2003). *Ausdauertraining: Trainingssteuerung über die Herzfrequenz- und Milchsäurebestimmung* (3., überarb. u. erw. Aufl. Edition) Niederlande: Spitta.

Mancia, G., Fagard, R., Narkiewicz, K., Redón, J., Zanchetti, A., Böhm, M. et al. (2013). 2013 ESH/ESC Guidelines for the management of aterial hypertension. The task force for the management of aterial hypertension of European Society of Hypertension

(ESH) and of the European Society of Cardiology (ESC). *Journal of hypertension, 31* (7), 1281-1357.

Mc Ardle, W. D., Katch, F. I. & Katch, V. L. (2000). *Essentials of Exercise Physiology* (2. Aufl.). Baltimore: Williams & Wilkins.

Mendes, R., Sousa, N., Themundo-Barata, J. & Reis, V. (2019). *High-Intensity Interval Training Versus Moderate-Intensity Continuous Training in Middle-Aged and Older Patients with Type 2 Diabetes: A Randomized Controlled Crossover Trial of the Acute Effects of Treadmill Walking on Glycemic Control.* Int. J. Environ. Res. Public Health 16(21):4163.

Motahari-Tabari, N., Shirvani, M.A., Shirzad-e-Ahoodashty, M., Yousefi-Abdolmaleki, E. (2014). The Effect of 8 Weeks Aerobic Exercise on Insulin Resistance in Type 2 Diabetes: A Randomized Clinical Trial. Global Journal of Health Science 14;7(1):115-21.

Neumann, G., Pfützner, A., Berbalk, A. (2007). *Optimiertes Ausdauertraining* (5. überarb. Aufl.). Aachen: Meyer & Meyer.

Wilmore, J. H. & Costill, D. L. (1999). *Physiology of Sport and Exercise* (2. Aufl.). Champaign, IL: Human Kinetics.

Zintl, F. & Eisenhut, A. (2001). *Grundlagen Methoden Trainingssteuerung* (5. überarb. Aufl.). München: BLV.

6 Abbildungs- und Tabellenverzeichnis

6.1 Abbildungsverzeichnis

Abbildung 1: Pulsentwicklung Testperson beim Hollmann-Venrath-Tests................... 6

6.2 Tabellenverzeichnis

Tabelle 1: Allgemeine und biometrische Daten der Sportlerin..............................3

Tabelle 2: Blutdruckklassifikation der American Heart Association (modifiziert nach

Mancia et al, 2013, S. 1286)...4

Tabelle 3: Belastungsparameter Hollmann-Venrath-Test...................................6

Tabelle 4: Normtabelle für submaximale Radergometertests – Relative Soll-Watt-

Leistung (Watt pro kg) bei Frauen bis 30 Jahre (modifiziert nach IPN, 2004, S.8)

eigene Darstellung...7

Tabelle 5: Zielsetzung der Probandin...8

Tabelle 6: Grobplanung des Masozyklus...10

Tabelle 7: Literaturrecherche, Studie 1..14

Tabelle 8: Literaturrecherche, Studie 2..15